I0701450

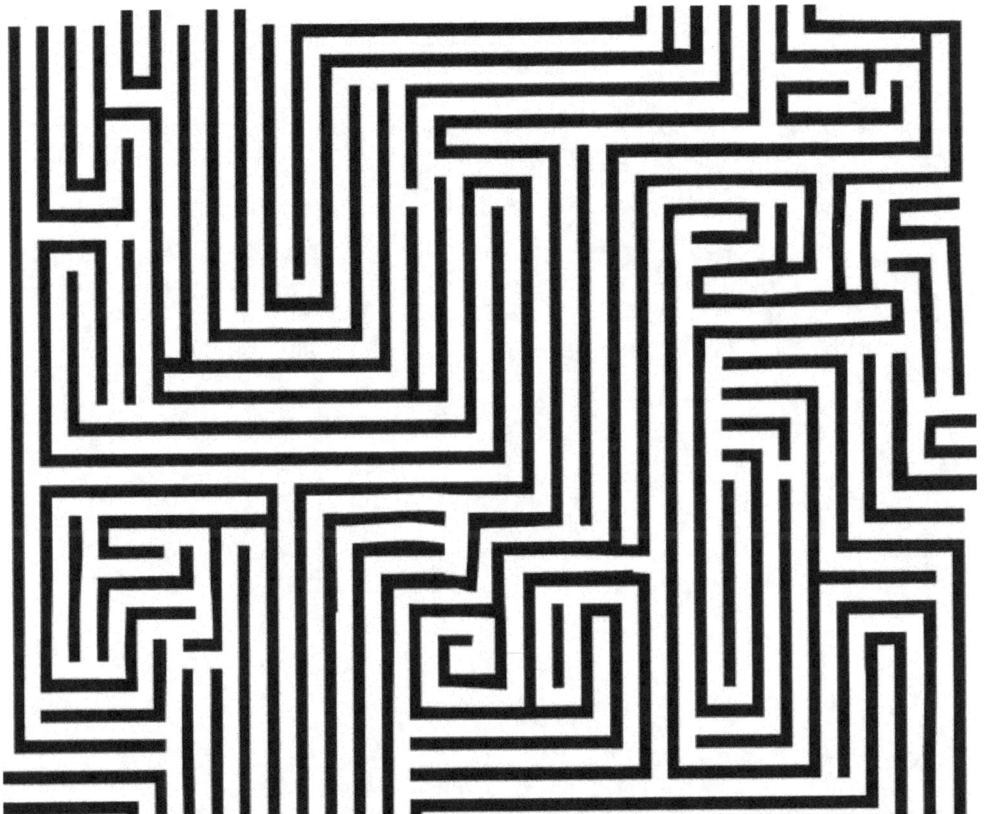

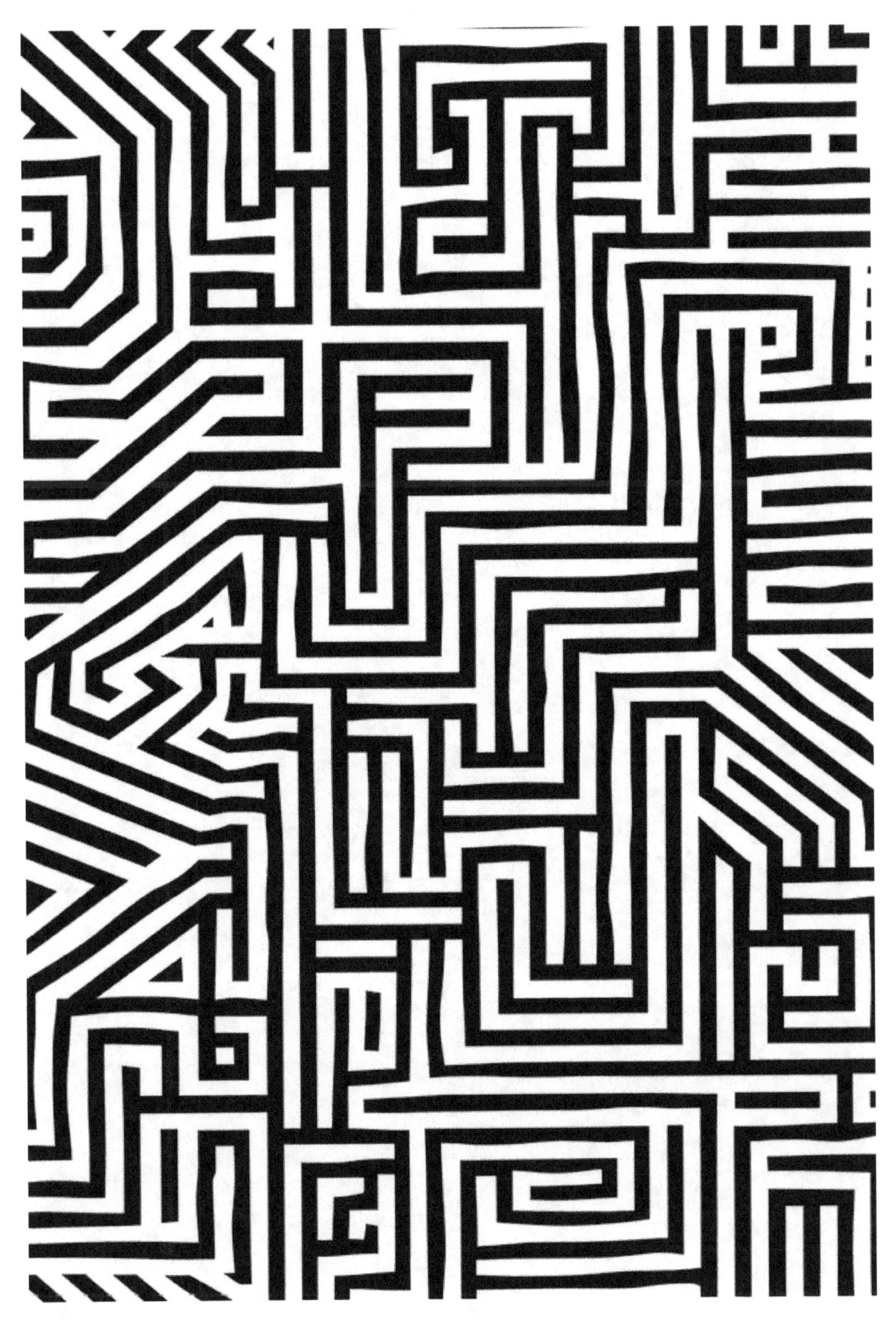

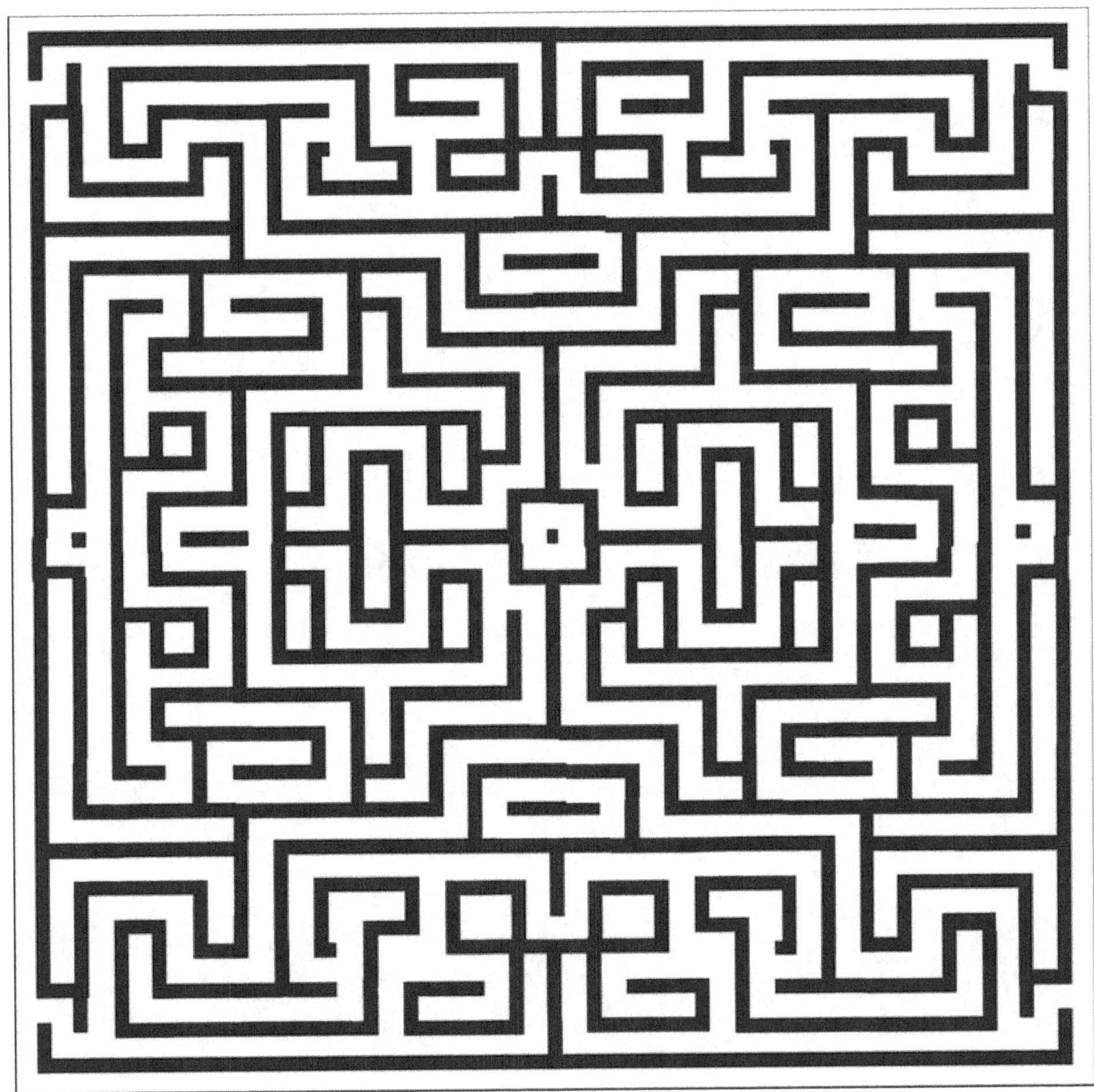

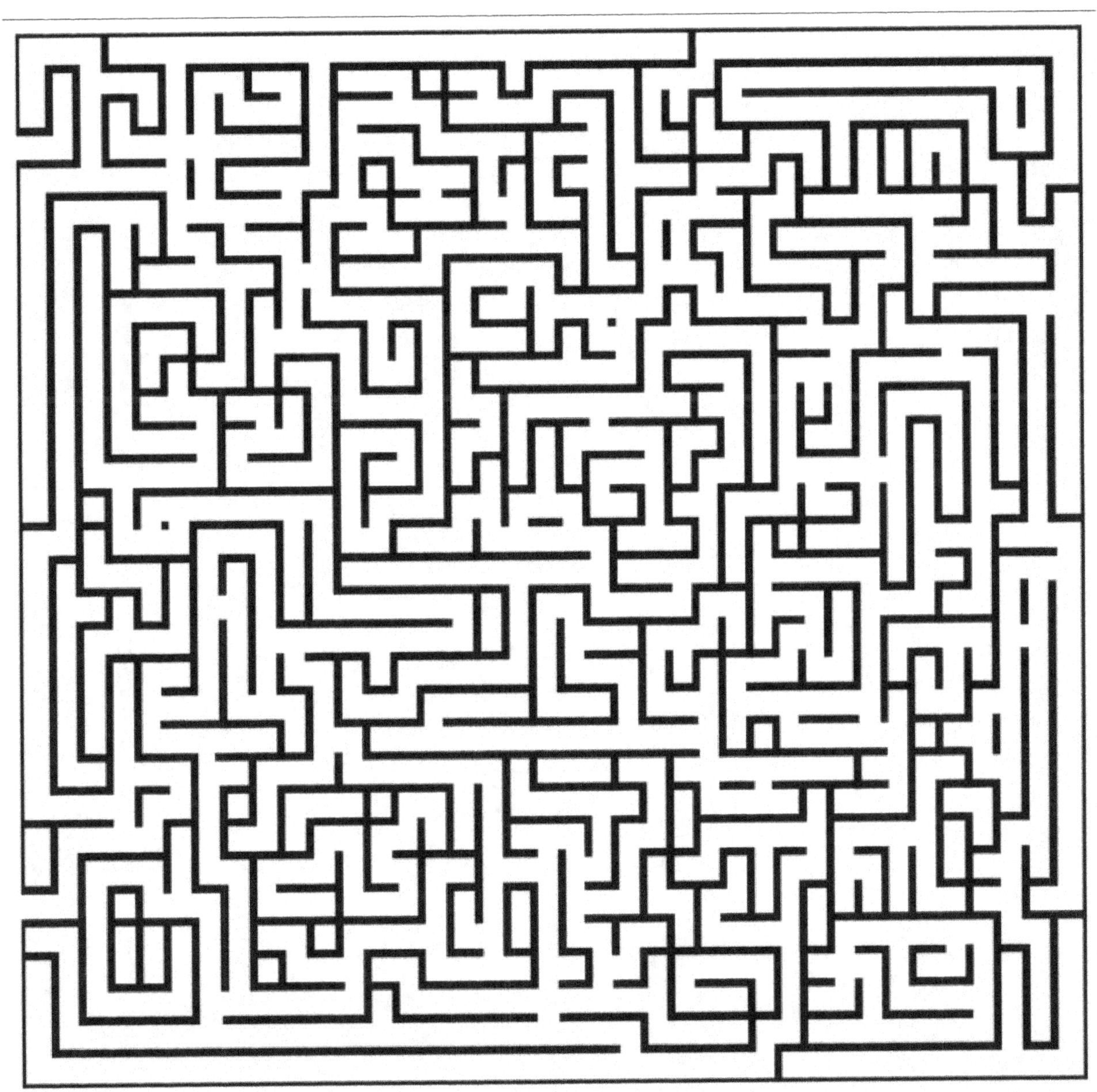

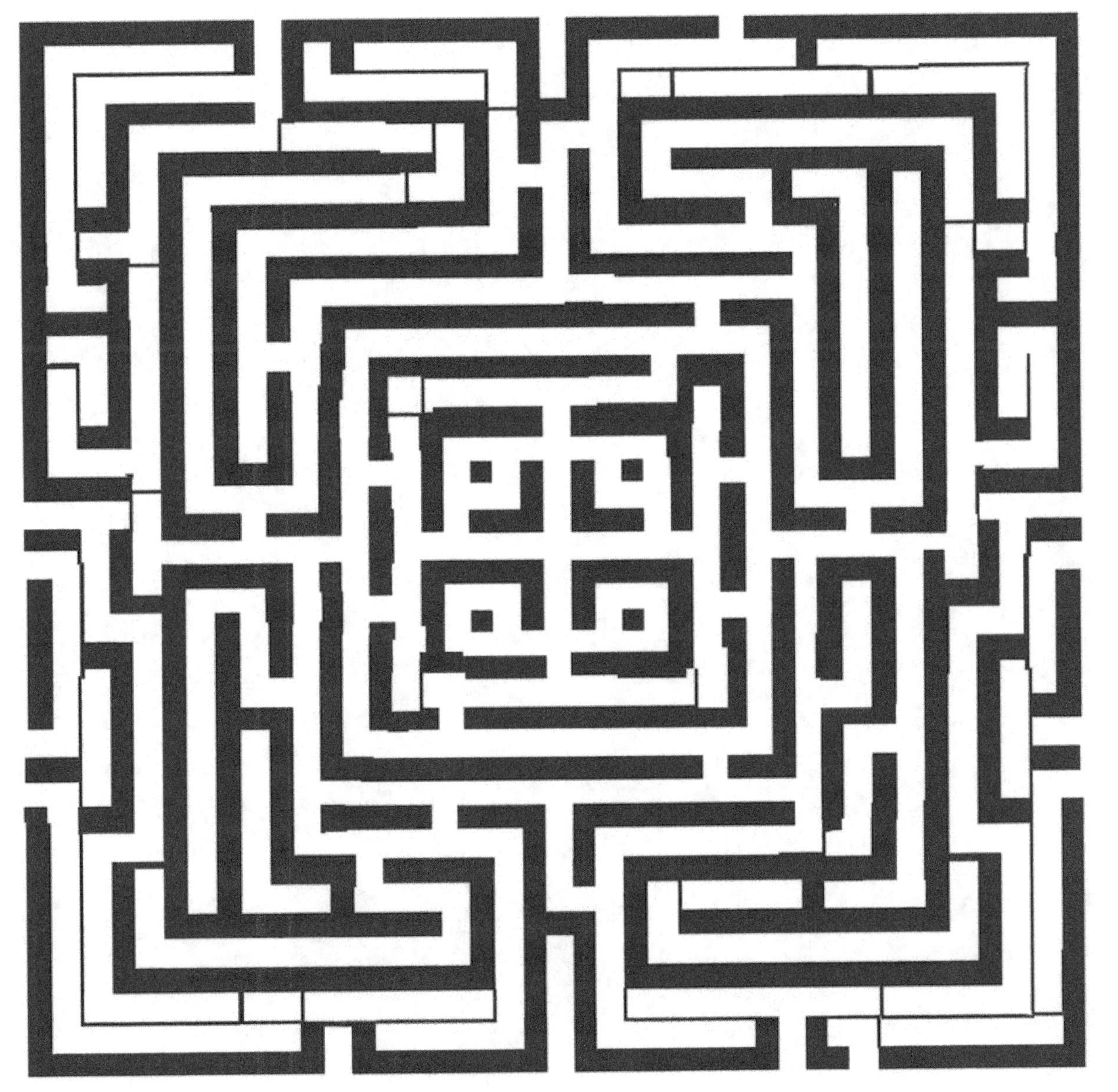

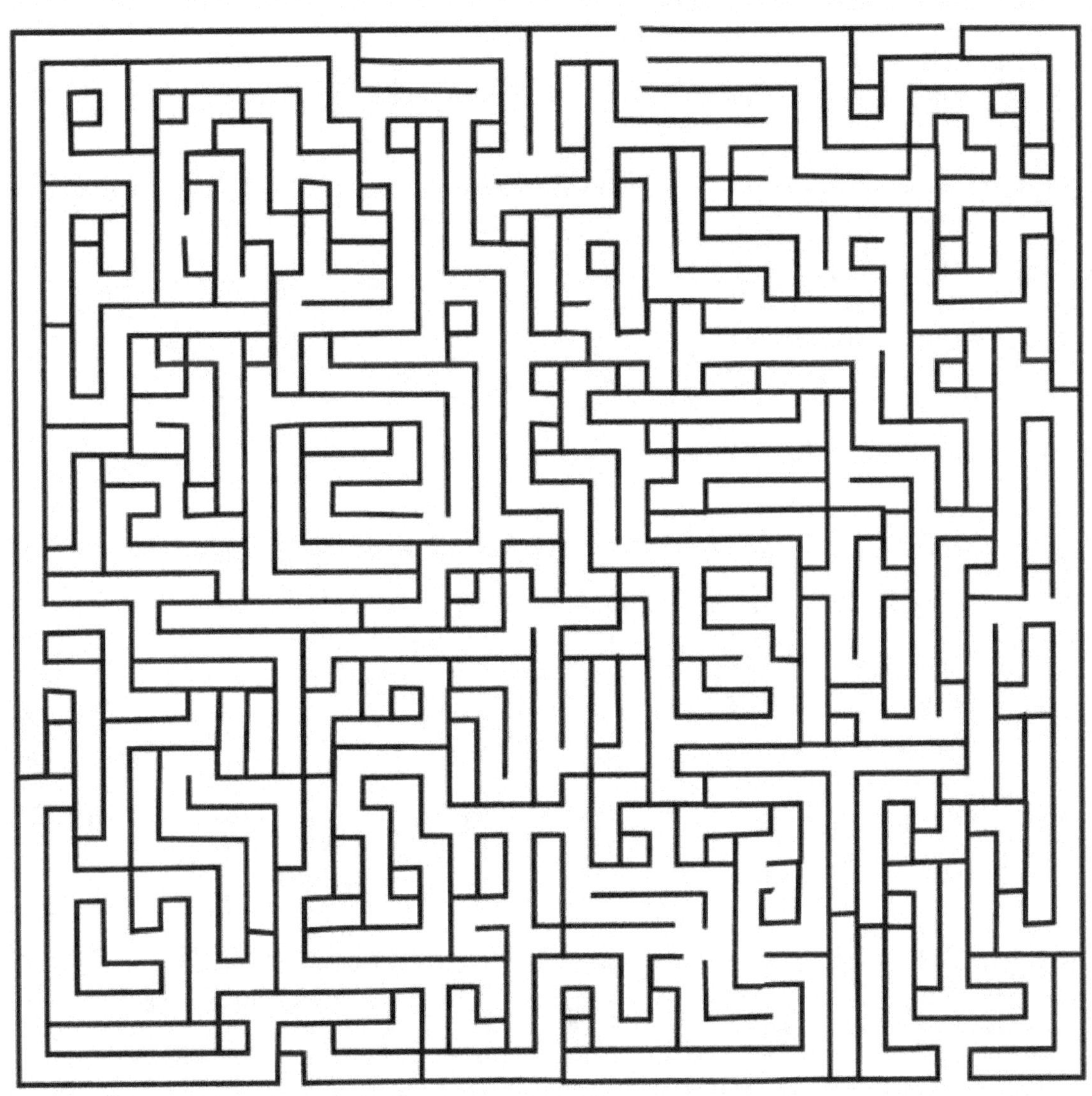

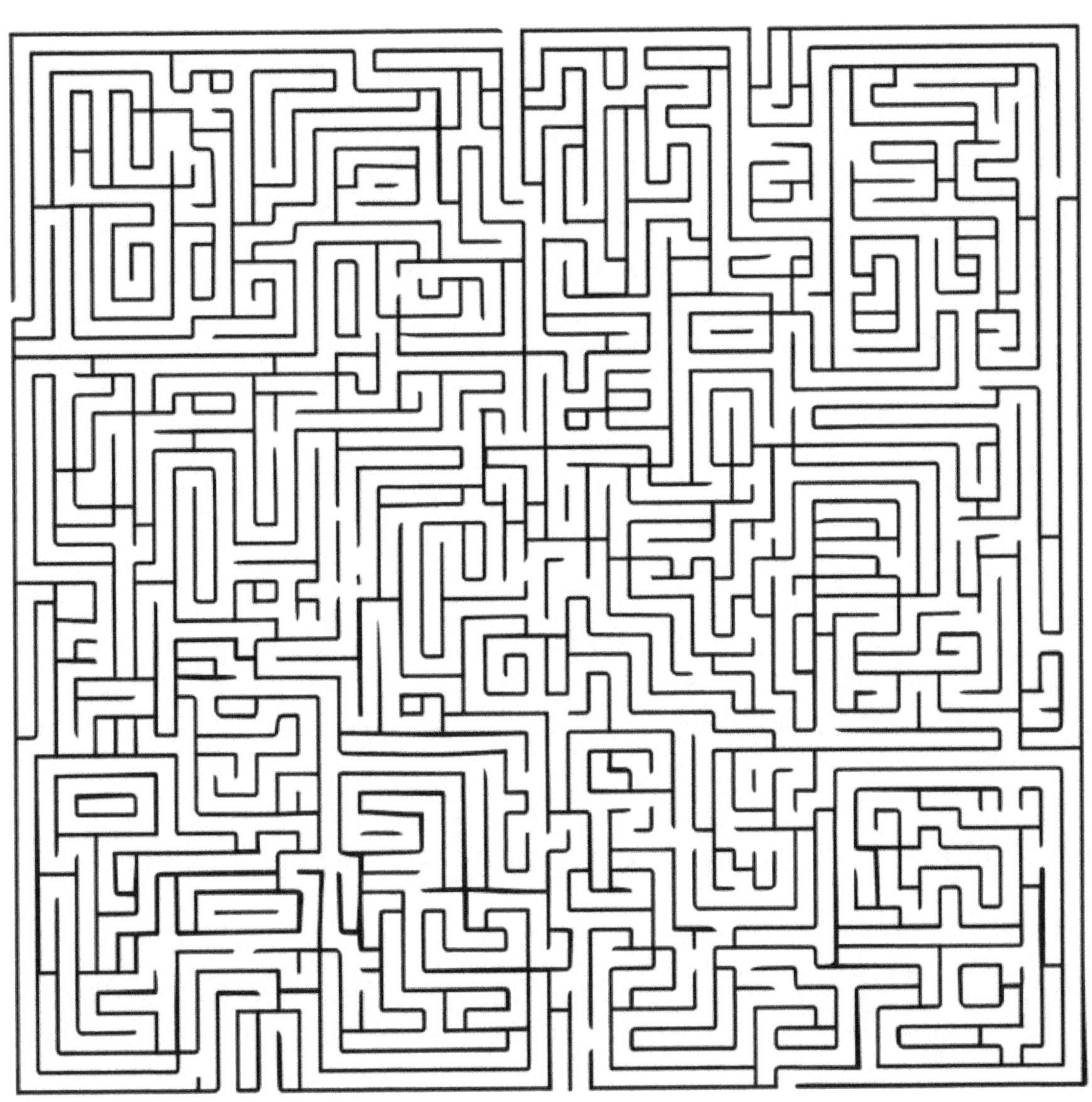

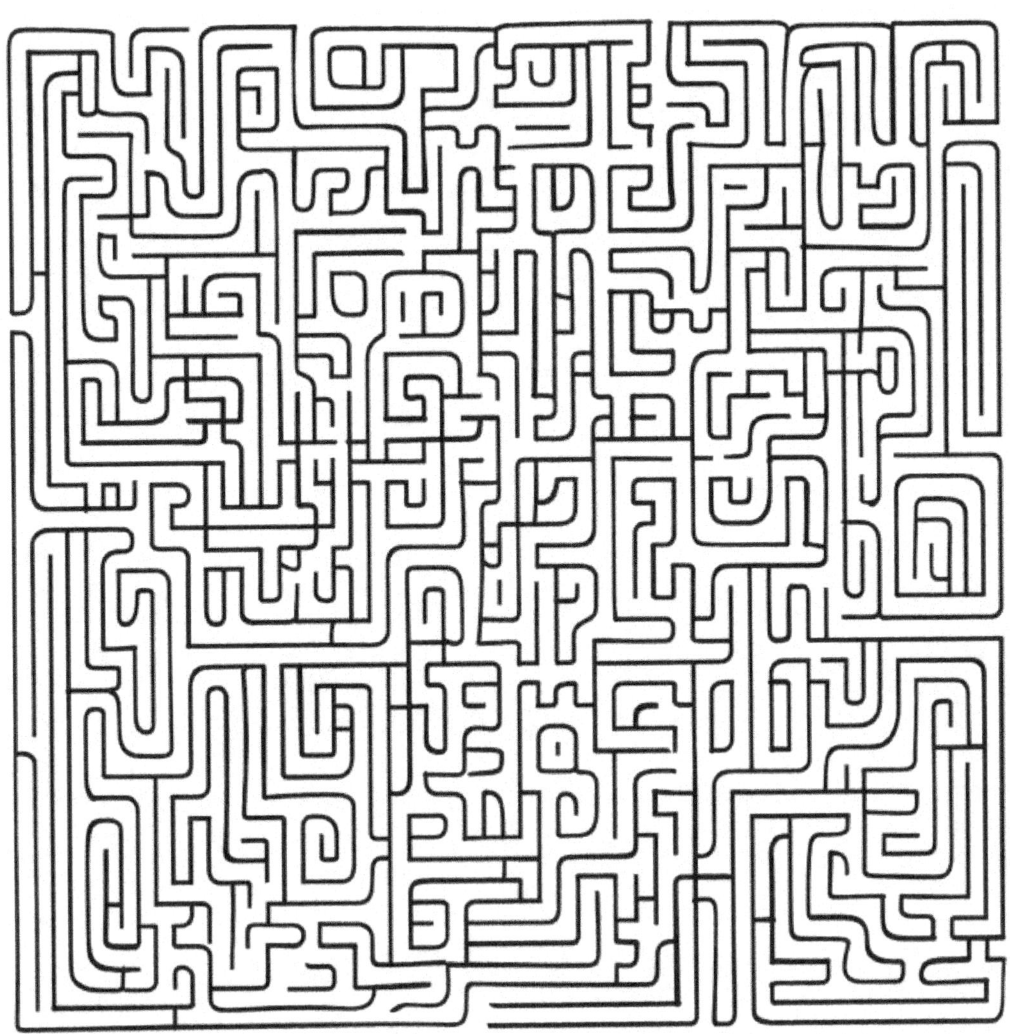

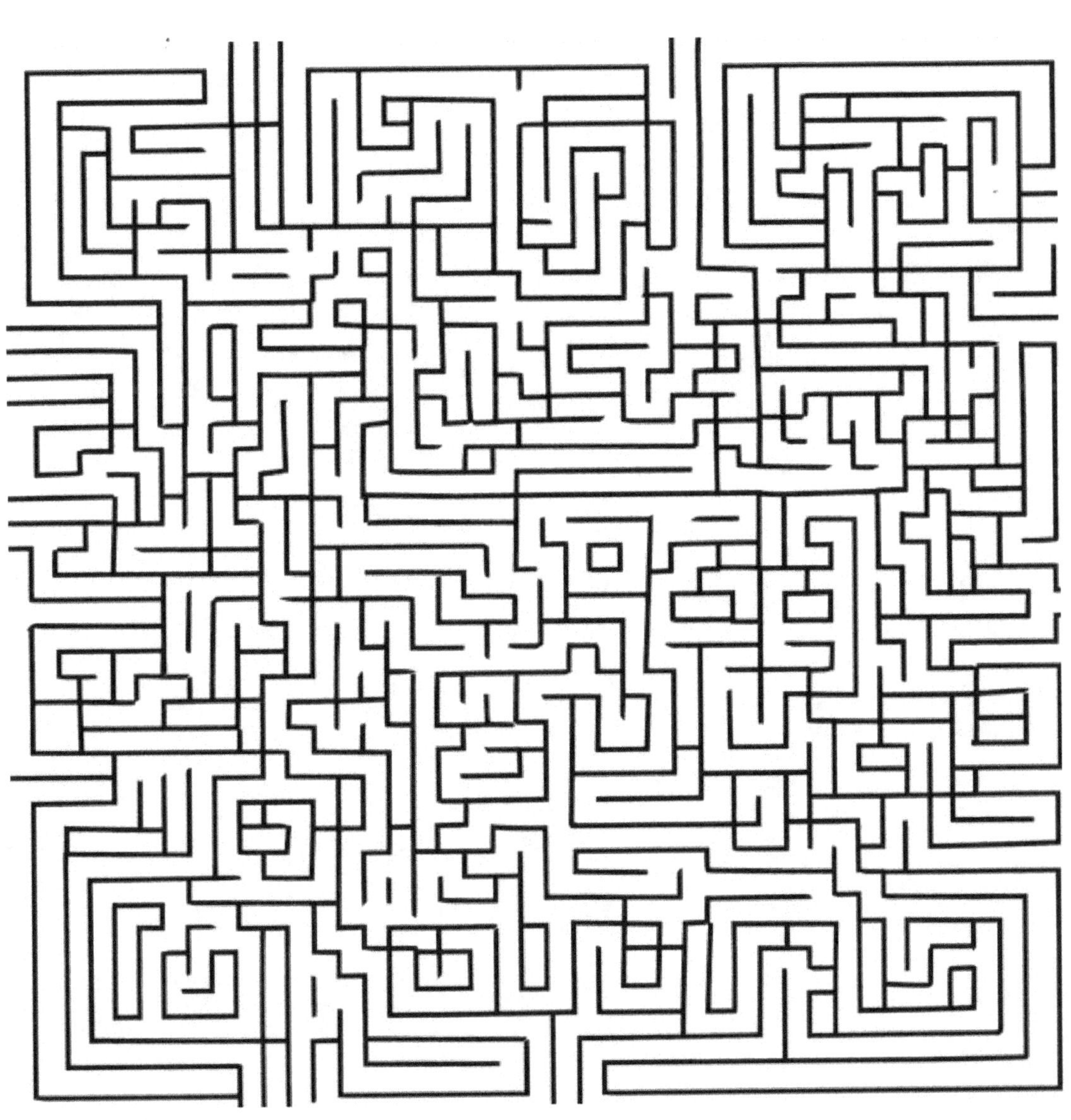

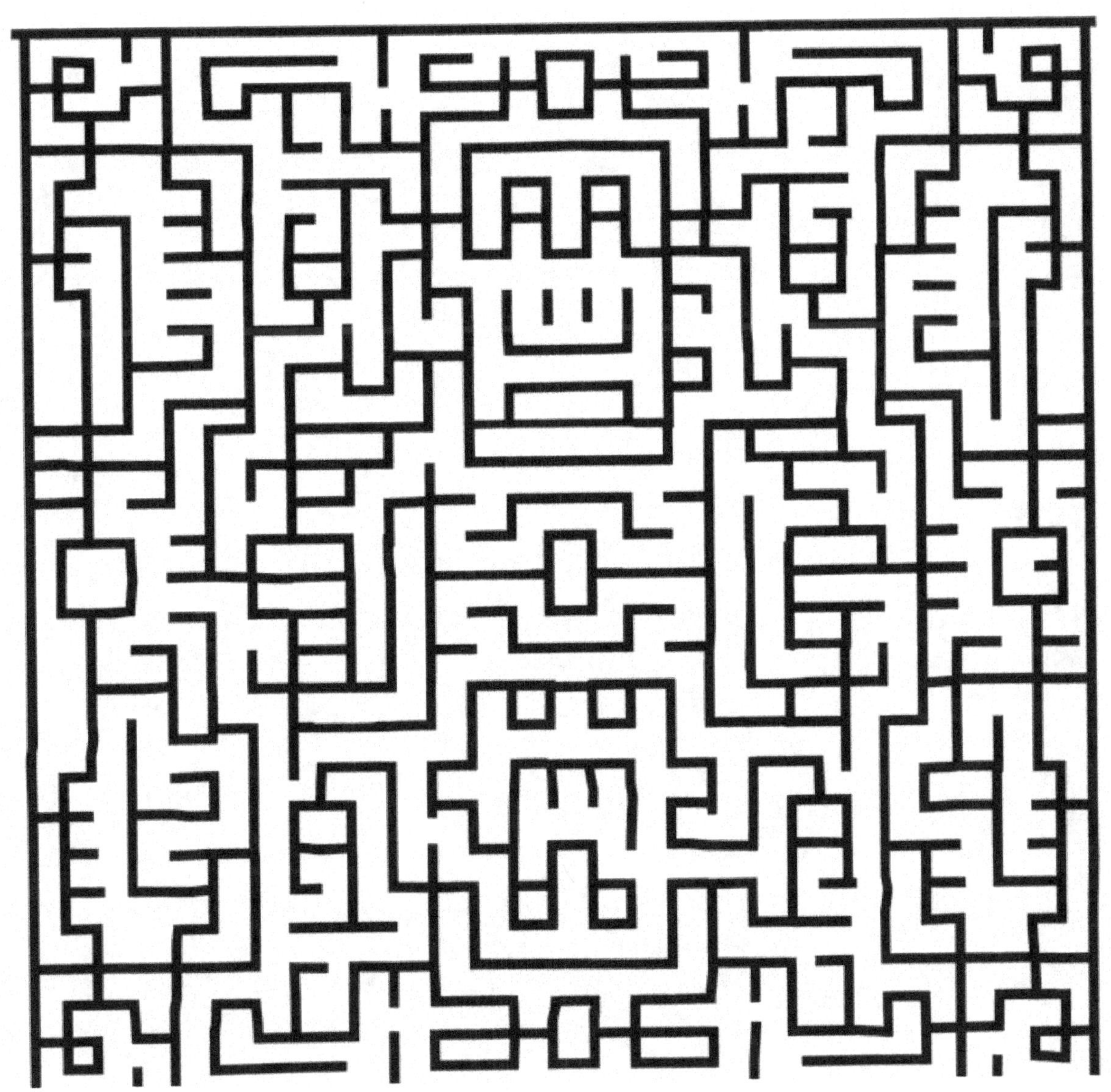

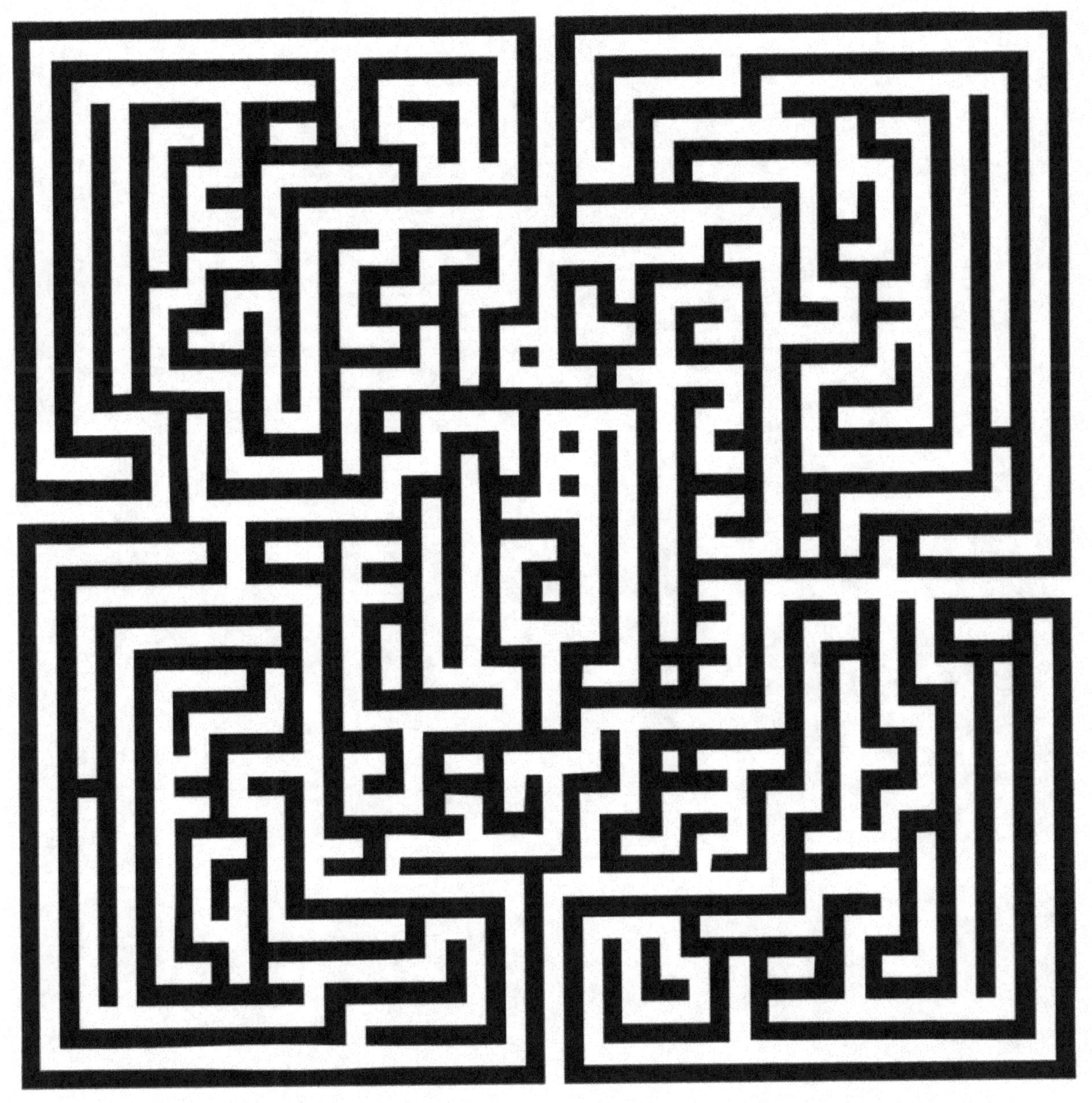

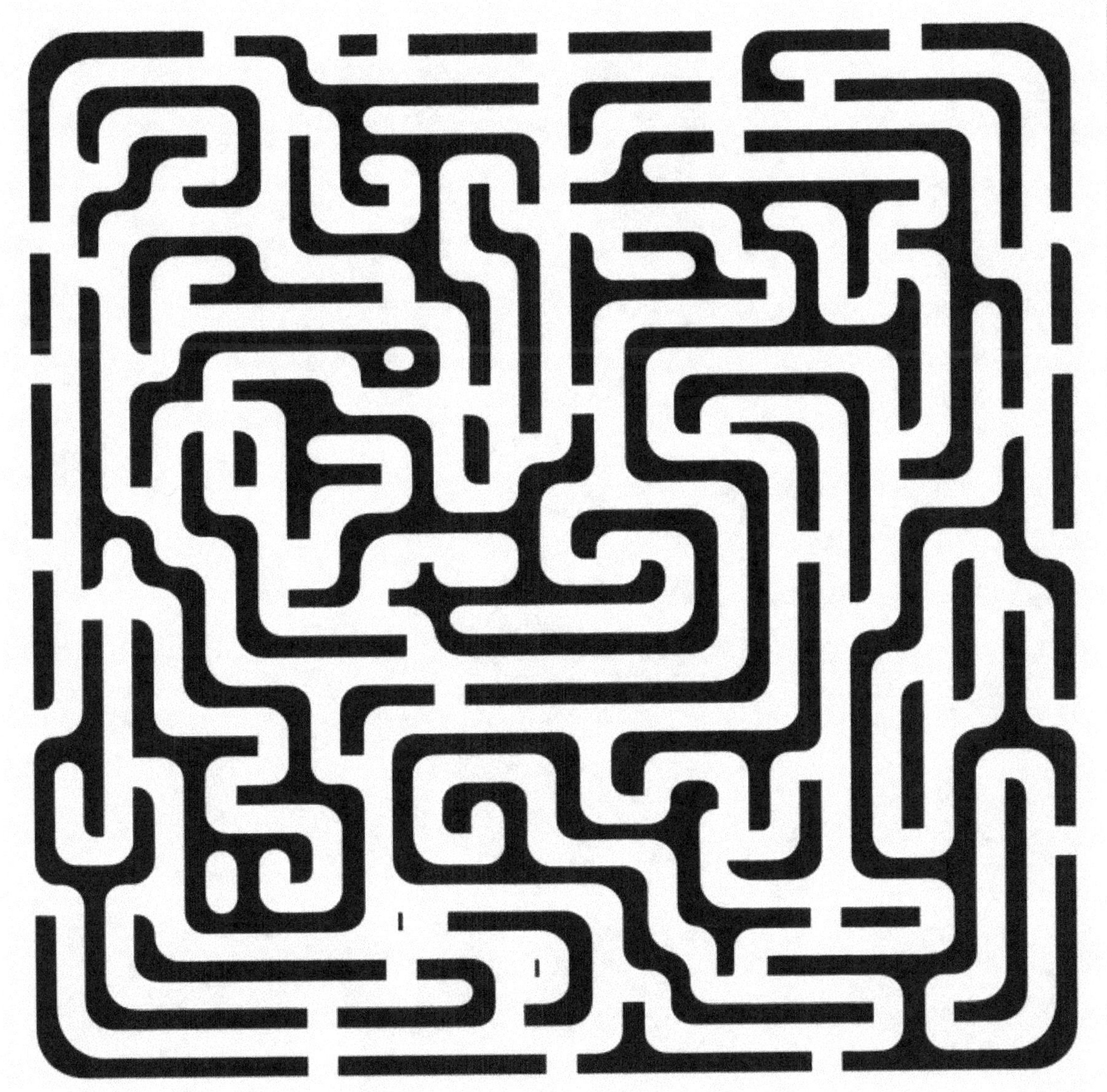

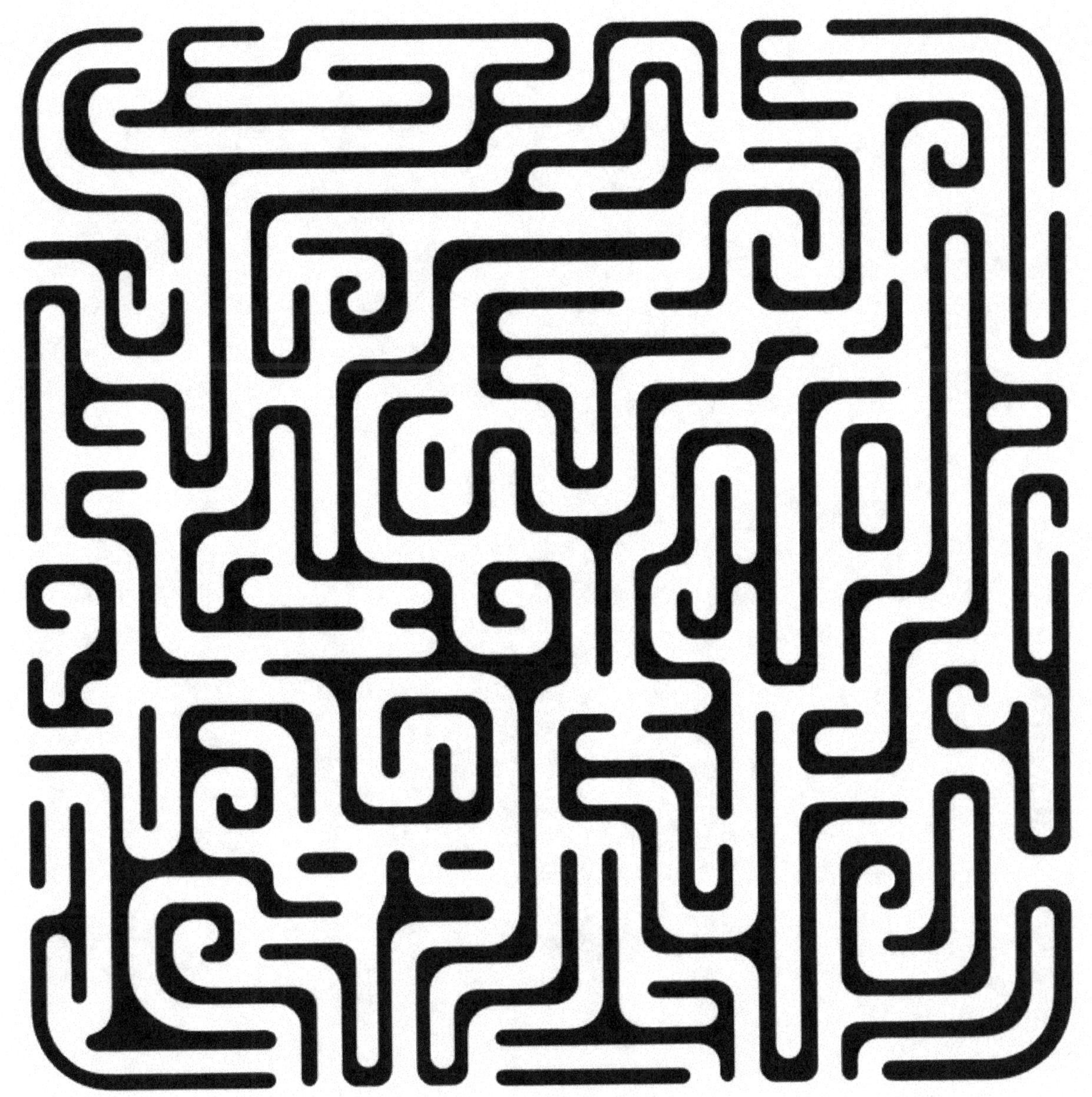